"家校慧"丛书

郁琴芳 / 主编

百分爸妈

家有少儿当自强

（五年级）

褚红辉 沙秀宏 主编

上海社会科学院出版社
SHANGHAI ACADEMY OF SOCIAL SCIENCES PRESS

"家校慧"丛书

主　编　郁琴芳

《百分爸妈》家庭教育系列校本读物编委会

主　编：褚红辉　沙秀宏

编　委（排名不分先后）：

卢瑾文　徐雯瑶　胡晓敏

高世裔　张怡菁　何夏天

吴　萍　徐　智　叶水妹

刘双燕　张冬梅　王群英

韩佳微　徐　丹　徐程魏

俞军燕　陈　凤　朱　燕

金　晔

序

  《百分爸妈》是奉贤区江海第一小学为了加强家长教育，引领家长学习而组织编撰的一套校本家庭教育指导读物。本套书共5册，依据小学生心理认知规律和学校的生源特点进行内容规划、模块划分和问题设计，易于家长和学生使用。书很薄，却很有价值。

  这显然不是一套高深莫测的学术专著，而是一本本实实在在、朴实无华的家长读本。 我读过很多家庭教育的专著论文，但大多由于理论术语的晦涩性和叙述方式的学术性而不适合家长朋友阅读。这套丛书的价值就在于并不追求高深的理论，甚至也没一般区域层面读本华丽的叙述框架，完全"接地气"，透着一股浓浓的"江海味"，旗帜鲜明地提出家长教育的目标是——"百分爸妈"：倡导家长不是要追求百分之百的完美，而是要通过五年的陪伴和学习，成长为合格家长。

  这显然不是一套个人闭门造车的读本，而是一本本校长、教师、家长对话的成果集。 孩子的健康、快乐成长是家校共育永恒的追求，但共育永远不是学校自编自演的独立剧本，亦不是校长和教师从学校实际出发，甚至是从学校便利角度出发的"独角戏"。家校共育需要沟通、互动，需要基于平等和信任的"对话"机制。在这套丛书的编写过程中，有许许多多家长的本色参与，不会因为各种客观原因就望而却步。学校的编写组也想尽一切办法与家长对话，从编写体例、叙述方式、表达字眼等方面虚心听取家长意见。必须要为这样上上下下的方式点赞，因为你们心中有彼此！

  这显然不是一套会被束之高阁的成果集，而是一本本影响学校与家庭生活的记录册。市面上各式家长读本种类繁多，有的可能从出版之日开始就意味着使命的完成。江海一小的《百分爸妈》却如此别具一格，因为它具备校本化使用的特点。据校长介绍，《百分爸妈》出版后会让全校家长根据对应年级开展读本的常态化使用。我们知道，家庭教育指导的难点即在于，家长往往"听听很激动，回到家一动不动"。有了读本作为家、校的桥梁，作为家长学习和反思的载体，家庭教育和家庭教育指导应该就没有那么难了吧。

  一般来说，图书的序仅是必要的装饰物，可有可无，读者甚少。不过，如果您是江海一小的家长朋友，而您也认真读过这篇短短的序言，我一定要给您满满的点赞：谢谢您愿意学习，谢谢您坚持改变。你们果然都是我心目中的"百分爸妈"，加油！

上海市教科院家庭教育研究与指导中心
郁琴芳

·江海第一小学好家长标准十二条·

1. 放下手机，带孩子多参加运动，多看看外面的世界。

2. 耐心倾听孩子的话，听清楚了再作判断。

3. 多鼓励孩子，接受孩子的不完美。

4. 不偏心，给每个孩子同样的爱。

5. 学习不是孩子的"专利"，要和孩子一起学习，共同进步。

6. 善于发现孩子的闪光点，不与别人家的孩子作比较。

7. 答应孩子的事，要说到做到。

8. 不随意打骂孩子，教育孩子要讲道理，摆事实。

9. 辅导孩子功课心态平和，不抱怨、不发火，好好说话。

10. 陪孩子积极参加学校活动。

11. 不在孩子面前吵架，为孩子创造温馨的家庭氛围。

12. 孝敬祖辈，和睦邻里，做孩子的表率。

·江海第一小学好孩子标准十二条·

1. 讲文明、懂礼貌、不说粗话。

2. 爱清洁、讲卫生、衣着整洁。

3. 上课认真听讲，每天自觉、独立完成作业。

4. 凡事不拖拖拉拉，今日事，今日毕。

5. 自觉阅读课外书籍，不用督促。

6. 不依赖父母，自己做力所能及的家务小事。

7. 积极加强体育锻炼,劳逸结合。

8. 按时吃饭,不挑食、不浪费,少吃零食饮料。

9. 理解父母,不和父母吵架,多和父母沟通。

10. 孝亲敬老,爱护幼小,大人的事帮着做。

11. 适当学习课外兴趣,培养自己一技之长。

12. 不沉迷电子游戏,绿色上网。

目录

第一单元　导入篇 / 001

身心秘密 / 003

江小少年 / 008

百分爸妈 / 010

第二单元　问题篇 / 017

第一节　学习与生活 / 019

　　孩子从小沉迷网络 / 019

　　孩子花钱大手大脚 / 024

　　孩子受到了性启蒙 / 029

第二节　自我与品德 / 034

　　孩子容易骄傲自满 / 034

孩子太过争强好胜 / 039
孩子偷拿别人东西 / 044
第三节　沟通与交往 / 048
孩子不会与人合作 / 048
孩子经常和人打架 / 054
孩子在沟通中受伤 / 062

第三单元　提高篇 / 069

为孩子树立榜样 / 071
尊重孩子的选择 / 074
鼓励与批评并行 / 077
让孩子爱上阅读 / 080
在玩耍中教孩子 / 084

家长必读 / 087

第一单元

导入篇

【单元导言】

在孩子的成长中，时间总是过得很快。四年级一晃而过，五年级已经到来。随着升入五年级，孩子成长了不少，在各个方面也和从前有所不同。本单元中，我们将从五年级孩子的身心秘密、学校对孩子的成长目标以及家长该如何引导孩子这3个方面进行分析和解读，为五年级家长们提供一些参考意见，更好地引导孩子成长。

身心秘密

一转眼，四年级的时光很快就过去了，孩子马上就要上五年级了。五年级的孩子马上就要进入初中，身心和思维上都在渐渐成熟，产生了许多变化，家长们要及时了解孩子的变化，陪伴孩子成长。

一、心理特点

（一）竞争意识增强

五年级学生无论在学习还是在生活中，都不甘落后。如果说四年级学生是为了应付老师而做作业，那么，五年级学生则是为了不落后于同学而积极学习。动力不一样，比照对象变成了成绩比自己好的同学。这种情况下孩子容易在竞争中伤和气，容易过于疲劳。家长要注意调整孩子的作息时间，增加身体锻炼。

（二）敬佩优秀同学

五年级学生非常关心学习成绩，对于学习优秀的同学开始产生敬佩的心理。这个阶段的心理健康培养非常重要，让孩子正确对待优点和缺点、先进与落后，避免把羡慕变成嫉妒，还要注意不能因为一时的落后就灰心丧气，也不能因为一时的优秀就骄傲自满。

（三）自己组织团体活动

五年级学生的独立能力增强，放学以后几个同学可以自发组织团体活动，并且具有明确的目的和行动方法。带有一些普通社会团体活动特点，而且这些小团伙不会轻易解散。

（四）不轻信吹捧

五年级学生已经不轻信吹捧的话。对于："你是一个好孩子，应该……"这样的话，他会马上反驳："我不是好孩子，所以……"，并且会马上避开。所以，哄骗方法用在五年级学生身上已经无效了。孩子对许多事情有自己的打算和想法，学会了自己安排时间和活动。家长最好不要干涉孩子的正当活动。这是家长和孩子在权利和义务方面互相尊重的体现。

二、学习情况变化

五年级学生的自我控制能力比较强，对他们学习的指导要有针对性和启发性。

1. 加强预习

低年级的学生学习压力并不大，预习的重要性也就不是特别明显。到了四、五年级，学习任务加重，进行课前的预习就显得尤为重要，学习基础差的学生通过预习，能跟上上课的进度；学习基础好的学生通过预习能对知识内容进行深入学习。

2. 接触自然、社会

学习中会遇到许多自然和社会观察问题，没有实践操作经验，很难准确理解其中的内涵，应利用可能的机会，让孩子接触自然界的生物和社会中的人和事，增加实践感受。接触社会的另一个好处是培养学习兴趣，保持主动学习的态度，有利于迎接更复杂的挑战。

三、成长习惯变化

（一）能够完整地做一件事

五年级学生有能力完整地做一件事，家长要鼓励和支持孩子去做。

在学校学习，有时老师为了赶进度，或是为了完成大纲规定的教学任务，往往把一些单元内容省略不讲，或有重点地介绍一下，剩下部分让学生自己理解，这也是对学生个人能力的考验。

无论做什么，都应该先易后难，彻底完成。如果不做有针对性的训练，孩子会出现类似虎头蛇尾的做事习惯。要把将来成为什么人、应该怎么做、不准做什么这样的概念和想法隐含在行为中，让孩子在独立完成一件事的过程中去体会。

（二）学会嘲弄人

五年级学生嘲弄人的"本事"增长很快。有一句俏皮话开头，后面就会层出不穷。这是学会开玩笑以后形成的一种语言习惯，引导好了，可以发展出许多幽默体裁的"作品"。

一年级学生不懂得开玩笑，遇到什么事都是一种很认真的模样。

二三年级学生可以听明白笑话和一般对话的区别,但是自己不会用,常常张冠李戴。五年级学生不仅会开别人的玩笑,而且对事情喜欢用"不正经"的语气描绘一番,自己创作笑话。有时很平常的一件事,到了他们那里则能渲染得天花乱坠。

不过,由玩笑引出对他人的嘲弄就不值得提倡。要提醒孩子,不能因为开玩笑而伤害他人的感情。比如不应该随便对身体有缺陷、体胖或穿着不同的同学开玩笑。

(三)性成熟

五年级的孩子开始进入青春期,出现性成熟现象,尤其是女孩子。这与社会文化传播、营养改良、人文行为观念进步的刺激都有着直接关系。

1. 初潮及准备

月经是普通女性都会遇到的生理现象,它是女性生理发育阶段的一个重要里程碑,是精神和心理活动的一次重大转变。从调查情况看,在小学五年级学生中根本不知道生理现象的几乎没有,但是对于初潮来临时怎么处理,却有不少学生表现出恐慌。这说明家长在这方面对孩子缺乏引导,没有注意到孩子可能较早地出现的生理现象。

2. 乳房的发育

青春期正是少女发育的最强时期,乳房的发育标志着少女开始长大、成熟,是正常的身体现象。许多女孩子会为此感到难为情,这时,家长要及时进行引导,让孩子正确地认识青春期的变化。

（1）避免束胸。青春期女孩的心理很微妙，发现与其他人的不同，就会有羞怯的反应，加上很多妈妈不会指导孩子的发育，对此很隐晦。少女们喜欢穿又瘦又紧的内衣，把胸部箍得紧紧的，这样做是非常有害的，不仅会影响乳房正常发育，还会使内脏器受压，使心肺功能受到损害，引起心肺方面的疾病。

（2）选择健康的胸罩。少女到了青春期，乳房正值发育，家长要帮助女孩们穿戴内衣，并且要根据身体胖瘦、乳房大小来确定戴胸罩的时间。戴胸罩过早和过紧，会影响乳腺的正常发育。选择胸罩不仅要考虑大小，还要考虑胸罩的质地。棉织类胸罩具有质地柔软、吸汗性强、不刺激皮肤、通透性能好等优点，有利于保护乳房，避免擦伤皮肤。选用胸罩型号应大小合适，过大起不到作用，过小、过紧对乳房健康均有一定危害。

3. 变声及保护

变声是由于喉头的快速生长，声带拉长变粗形成的一种生理现象，主要是男孩子的性特征，一般要经过两三年时间才会稳定。男女学生都有变声期，但是男生能比较明显地感觉到，女生几乎不等发现便悄悄地完成了变声期。变声期，孩子经常发出一些自己控制不了的怪声调，引起哄笑，这是正常现象。

江小少年

从四年级升入五年级,孩子身上被学校寄予了更多的期望。学校希望每一个江海一小的学生都能成长为一个优秀的人,对不同年级的学生提出了成长目标。一起来看看学校对五年级孩子的期望吧!

五年级学生成长目标	
目　　标	内　　容
热爱祖国,弘扬和培育民族精神	1. 关心国家大事,能坚持收听、收看新闻、看报纸; 2. 知道3～4位对家乡或祖国做出杰出贡献或产生重大影响的人物事迹; 3. 了解和实践1～2项中华优秀传统文化,争做"小传人"
热爱学习、勤奋好问,养成良好学习习惯	1. 有良好的学习习惯; 2. 积累一定的学习方法,能帮助身边的同学学习; 3. 能和伙伴们合作开展小探究主题活动
学会关爱、帮助他人,在爱心中快乐成长	1. 积极参加爱心义卖、红十字捐款等活动; 2. 参加生涯职业体验——"跟着爸妈去上班"; 3. 有结对互助的伙伴,能给予帮助

（续表）

五年级学生成长目标	
目标	内容
弘扬科学精神，培养创新能力	1. 有一技之长，参与"校园吉尼斯"活动； 2. 有创新意识，参与科技小发明活动； 3. 具有初步运用思维导图的能力
文明守纪，养成良好行为规范，促进全面发展	1. 遵守学校纪律和班级规范，起表率作用； 2. 能提醒他人文明用餐，节约粮食； 3. 在值日中队岗位，认真值岗，起好示范员作用
从自己做起，增强环保意识	1. 能提出来一个保护、美化环境的建议； 2. 参加一次分类回收活动； 3. 坚持开展节约一滴水、一度电、一张纸、一粒米等活动
有健康的体魄，健康的心理	1. 理解父母，学会主动沟通； 2. 热爱运动，每天积极锻炼； 3. 学会控制情绪
学会保护自己，平安快乐	1. 保护眼睛、预防近视，学会合理用眼； 2. 了解食品卫生基本知识，初步树立食品卫生意识； 3. 了解生命的意义和价值，树立保护生命的意识
热爱撕纸艺术，学会动手操作，具有想象力和创造力	1. 能够创作有主题的撕纸作品； 2. 会指导低年级伙伴学习撕纸
喜欢诵读经典诗文，感受阅读的乐趣，在诵读中学会做人、获取知识	1. 阅读四大名著； 2. 与他人分享阅读经历与快乐

百分爸妈

一转眼,孩子已经来到了小学的最后阶段。在整个小学阶段,通过孩子和家长的共同努力,孩子始终以优秀的江海学子作为自己的目标。到了五年级,孩子的目标也依旧如此。家长不仅要为孩子感到骄傲,支持孩子,更要根据这个年龄阶段孩子的身心秘密和学校对孩子的成长目标,对孩子进行适当的引导,为孩子制定成长计划。一起来看看该怎么做吧!

一、学习引导

孩子在小学的学习是打基础,许多孩子靠父母督促着学习还勉强能跟上进度。进入初中后,学习内容难度上升,要想学习好,只靠父母督促是不够的,还需要更强的自主性。在即将升入初中的五年级,家长应该如何让孩子更快乐、更自发地学习呢?

1. 让孩子知道学习是自己的事

很多父母在孩子的学习上花了大量的心思,但是容易让孩子产生误解,让孩子觉得他是在为父母而学习。父母越是逼着孩子去认真学习,越可能给孩子创造了拒绝学习、反驳父母的机会。

2. **不过分关注孩子的成绩**

每一位家长都应该用平常心来看待孩子的成绩。

家长不要因为孩子的成绩好而沾沾自喜,或者用各种各样的物质来奖励他,这样只会让你的孩子产生错觉——学习是为家长学的。

3. **父母不要太过严厉**

五年级的孩子有了自己的思维能力,有了自我意识,当父母再像低年级时那样,严厉地要求他们去学习、再规定他们每次考试必须达到的名次时,孩子就会觉得学习是件很苦的事情,从而对学习产生厌烦情绪。

二、安全教育

孩子的安全问题不容忽视。很多孩子在小学时不会自己过马路、不注意食品安全、不懂得回避风险、不会处理突发事情,但这些问题还没有那么显著。等之后进入初中,孩子的活动范围一下子扩大起来,胆子大了,有时不知深浅,更容易出问题。所以到了五年级,家长要进一步增强对孩子的安全教育。

1. **让孩子了解必要的安全常识**

家长要告诉孩子一些安全常识,让孩子懂得保护自己,注意交通安全、注意个人卫生,等等。要指导孩子,助其学会拨打紧急呼救电话,比如:110 报警服务电话;119 火警报警电话;122 交通事故报警服务电话;120 医疗急救求助电话;等等。国家的救助电话都是免费的，公共电话、手机均可直接拨打。

除此之外，家长也要告诉孩子在遇到交通事故、公共场所突发险情、遭遇气象灾害、遇到坏人等情况时该怎么做，让孩子学会自我保护。

2. 让孩子从父母处获得心理安全感

很多孩子做事情沉着镇定，自己会总结经验和教训，这与家庭教育是分不开的。一是家长在以往的教育过程中，注意引导孩子分析问题和解决问题，使得孩子学会了处理问题的方式方法；二是家长处理问题的方式方法孩子心知肚明，孩子明白自己如何做会得到家长的支持，什么事情是不可以做的，他们心里有一个标准，如同吃了定心丸，因为他们有家长给的安全感。

家长要对孩子表明自己处理问题的稳定的观点和立场，要公正，避免情绪化，避免双重标准。家庭成员可以协商并积累一系列的标准模式，全家人共同遵守执行。重大问题，以社会公德、道德和法律为标准，大家共同遵守。

当孩子有了标准的处事观念，只要做事情是合情合理的，是正确的，他就会坦然、从容，不会惶恐不安了。

3. 避免吓唬孩子，增加其不安全感

在安全问题上，家长要避免危言耸听地吓唬孩子。对于胆小的孩子，家长不用吓唬他就容易慌张了，如果每天再想着可怕的事件，什么人都防备，时刻担心出危险，孩子一定会心神不安。对胆子大的孩子，一部分孩子会觉得家长小题大做，另一部分孩子则认为社

会黑暗，二者都会影响孩子的心理健康。所以，家长不要过分强调不安全因素，适当地提醒就可以了。

同时，家长提供给孩子安全防范知识的时候，要避免给孩子"可以行为过激"的暗示，防止孩子以后因为越来越冲动而头脑发热，做错事情。要给孩子具体、清晰地解释正当防卫的界限。

三、青春教育

女孩第一次来月经，男孩第一次遗精，标志着孩子进入了青春期。一谈到青春期，家长就容易把它与逆反、脾气暴躁画等号，对青春期的孩子谈虎色变，忧心忡忡。实际上，只要为孩子的青春期教育做好准备，便同样可以健康、快乐、和谐地度过这一时期。

1. 多途径对孩子进行青春期教育

很多孩子的性知识是从同学那里得来的，或是从网络上得来的。显然，学校里讲的青春期常识过于浅显，而从同学、媒体得到的性知识片面扭曲，对孩子心理健康都是不利的。

要孩子了解青春期的知识，父母直接述说是个办法，但是很多家长会觉得难以启齿或没有机会开口，建议家长可以运用如下方法。

（1）读书。家长可以根据孩子的年龄和社会经验，到新华书店给孩子买一些比初中课本生理卫生知识略深的书籍，顺手放在孩子的房间里。如果家长和孩子的关系相处得像朋友一样好，也可以放在孩子的书桌上、枕头旁，孩子会很快理解父母的用意，认真阅读。

（2）写信。很多家长采取写信的方式和孩子进行沟通，把需要说明的、提醒注意的青春期常识和有关性的知识，都体现在文字中，避免了面对面的尴尬。

（3）看展览。大城市都会有各种关于青春期教育的展览，与之相关的有预防艾滋病、预防青少年犯罪、远离毒品的教育宣传和展览。家长还可以和孩子一同有选择地参观这些展览，让孩子了解更多的相关知识。

2. 应对青春期心理问题给孩子造成的自卑

女孩一般比男孩早进入青春期，还有的女孩会比同龄女孩更早进入青春期。她们身体迅速发育，比别人提前来了月经，这让她们很紧张。她们与同龄人没有这方面的共同语言，没有同伴传授经验，没有可以诉说的对象，也让她们觉得很孤独，会让她们感觉尴尬，甚至自卑。

与女孩相比，男孩早进入青春期则似乎会带来一些"好处"。他们的身体迅速发育，个子长得高大，身材变得魁梧，脱掉童年的稚气，让家长、老师和女孩喜欢。社会一般对成熟的男孩也给予积极和肯定的态度，他们感到自己受到尊重和青睐。然而有此优势的同时，他们也会背负起更高的期望，而他们的能力往往还达不到成人的水平，这可能会导致孩子压抑和自卑，或者和成人不断冲突，心理受到伤害。

相对于早熟的孩子，家长对晚熟的孩子期望往往偏低，不顾及他们心理的需求，依然像照顾小孩子一样地照顾他们，这也可能造成这些孩子的自卑。他们会经常发"无名火",逆反心理加剧。

为此,家长要告诉孩子,进入青春期是早晚的事情,脚步的快慢不会影响你的成长,这种差别少则半年,多则两年,时间并不会太长。家长要有意识地做孩子的顾问,对孩子的疑问给予正面的答复,不闪烁其词,让孩子知道真相。这样做的好处是避免孩子从不良渠道得到不健康的信息。

3. 教给孩子怎么转移注意力

孩子进入青春期,精力充沛,有用不完的体力;同时,他们开始关注自己的形象,也关注异性。在道德观念的作用下,很多孩子对自己关注异性的行为感到苦恼,同时又控制不住自己,于是总是在心里谴责自己。此时,家长一方面要告诉孩子"你没有错",另一方面要教给孩子一些转移注意力的方法。

行之有效的方法是增加体育活动,结交志趣相投的朋友,消耗掉多余的精力,让自己没工夫"胡思乱想"。参加学校组织的活动,可以增加社会经验、锻炼能力,还可以和异性同学、老师一同工作,一起学习,消除和异性接触的渴望和神秘感,减轻孩子的心理负担。

让孩子把精力投入到自己喜欢做的事情上,也是分散注意力的好办法。很多孩子读了大量的书籍,陶冶了情操,找到了自己喜欢的人物。还有下棋、雕刻、插花、做点心、做模型,都是不错的活动。一些孩子搞收藏,如邮票、橡皮、石头、贴画、小人书等,也是很好的爱好。

单元小结

本单元中,我们通过3个部分来帮助家长了解孩子进入五年级后的情况。五年级的孩子在心理上开始产生竞争意识、敬佩优秀的同学,在生理上也进入了青春期。学校根据五年级的孩子的特点,对他们提出了成长目标。基于这些特点和目标,家长们要用合适的方法引导孩子,让他们了解青春期的相关知识,学会保护自己,并且为初中的学习打下基础,做好准备。

第二单元

问题篇

【单元导言】

　　在上个单元中，我们从3个方面了解了孩子升入五年级需要面对与接受的东西。然而在成长过程中，孩子身上会出现各种各样的问题，让家长们头痛不已，却不得不重视。在本单元中，我们将会从一些具体问题入手，帮助家长更好地引导孩子，让每一个孩子都能健康成长。

第一节 学习与生活

孩子从小沉迷网络

· **教育小剧场**

小晨今年上五年级了,照理说应该是好好学习的时候,但他的眼中只有电脑,常玩到废寝忘食,几乎在家的任何时候,他都是眼睛盯着电脑,而长大后的志愿更是希望像在科学园区工作的爸爸一样,可以每天玩电脑又不会被骂。

放学后,小晨常因要外出就餐或需要买些东西不能马上回家玩电脑而跟妈妈发脾气或哭闹,弄得妈妈就算上班疲倦想外出就餐也只能作罢。沮丧的妈妈觉得自己是家里的"外星人",只是三餐的料理者与家务整理人。"难道妈妈不如电脑重要吗?有时我连出去买菜再回来,他们都毫不知情,都光顾着玩电脑。"妈妈眼眶泛红地说。

· **智慧解码**

许多父母会抱怨孩子有沉迷于网络的现象。通常妈妈沮丧程度会更高，因为往往不只是孩子，丈夫也都深陷其中，自己成了家里唯一的"苦力"。

所谓的网络成瘾，是指过度沉迷于网络所引起类似药瘾、酒瘾、病态性赌博等上瘾行为，这种情形随着科技发达、电脑网络普及率逐年升高而渐趋严重。

不同的个人特性，有不同的网络使用偏好。也就是说，自尊越高，情商越高，人际关系越好，学习适应越好；越有自主定向、家庭适应越好的学生，越不会有上网时间加长、产生逃避性情绪及强迫性反应的行为出现。反之，则倾向有"网络成瘾"行为。

· 教育三分钟

针对孩子网络成瘾的预防与应对，家长们可以参考以下建议。

1. 具备使用网络的基本知识技术

父母并不一定要是网络高手，但是必须具备基本的使用网络的知识和技巧。最好能共同和孩子讨论上网的相关话题，或者是共同上网，并且了解他们常去的网站，以协助其调适上网需求，减少上网寻求非迫切性的资讯的时间。

大部分的中小学生只是将电脑当作单纯做作业、写报告或是玩电脑游戏的工具，利用上网来增长知识的比例则微乎其微。家长可以在平日与孩子的聊天中，利用自己具备的网络使用知识，协助孩子切实了解自己的上网需求。否则，孩子充其量只是找到一项玩物，而不是有效增长知识的工具。

2. 了解并接纳青少年的网络使用行为

网络是超大型的图书馆，但也同时潜藏了许多不好的东西，比如介绍毒品或色情的内容，可能会误导青少年。面对现今网络时代的青少年，父母应接纳他们的网络生活，但告诫他们其中潜在的危险与应对的方法，父母必须了解自己儿女的网络使用行为、知道他们浏览网站的类型，要避免责难式的询问，可询问他们最喜欢的网站类型以及原因。

父母最好是和子女一起坐在电脑前，让他们带领你去他们最常上的网站，了解他们的网友、谈话内容、在网络上的行为，而且以开明的态度和他们聊聊他们的网友，了解他们的虚拟社群成员。重点在于教导孩子如何分辨是非与保护自己，以开放和接纳的态度与孩子讨论上网的行为，避免用对立和绝对禁止的方式来围堵，否则将造成更多的隐瞒和隔阂。

3. 将电脑放在可以看见的地方

青少年总是会要求隐私权，但父母必须权衡轻重，再给予适当隐私，与教养方式取得平衡，比如：不要将能上网的电脑放在孩子房间内，应该将它们放在客厅的公共区域，这样家长在做家务或其他活动时，仍可适度关注到孩子的上网行为。如果电脑放在孩子的房间中，家长要注意是否每当你一接近孩子的房间，他们就立刻切换视图，或是迟迟不愿开门。如果是这样，孩子的上网行为就可能有些问题。

我们可选择合适的软件协助我们来监控孩子的上网行为，通过这些贴心的软件，父母和老师可以有效管控孩子在家里或在教室里的电脑网络使用状况，不用担心因为无法时时刻刻陪在孩子身边，造成孩子使用电脑的时间超时或无法自制。

4. 订立适当的规则

由于使用网络不只有娱乐的作用，更有教育学习的意义，所以父母通常对儿女使用网络采取鼓励及包容的态度。但是，过度纵容容易造成网络沉迷。有许多网络沉迷的学生因整夜上网而晚起，甚至逃课，以至于荒废学业，因此，限定网络使用时间及订立适当的规则是必需的。

青少年的自我主张相当强，不过多数青少年是可以商量的。与其全面禁止孩子上网，不如协助他们选择上哪些网站、择地放置电脑，并共同制定一些作息安排，比如一天可以上网多久、何时上网等。如果初期孩子感觉自我的克制力还不够，可引导他邀请家长协助提醒，或善用闹钟、提醒物等来辅佐。

5. 提供选择性或取代性活动

当孩子逐渐可以履行有限制的上网契约时，家长可以开始鼓励孩子多花一些时间从事其他活动，比如：找家人或朋友聊天、与家人或朋友一起出游、参加社团活动、报名学习其他技艺或娱乐活动等。教导青少年扩展多元的人际互动关系，并学习人际沟通技巧，不仅可以防止他们过度依赖网络，也可教导他们借由学习如何维系人际关系与处理冲突的方法，以避免在网络或现实的人际互动受到挫折或伤害。

| 第二单元　问题篇

·家长自画像

　　在面对孩子网络成瘾的问题时，各位家长们都是怎么处理的呢？请讲述一下自己的方法，并请根据案例与分析，对自己的教育方法进行评价和反思。

　　1. 教育评价（请为自己的表现打星，最满意请涂满五颗星）

　　我对孩子的了解 ☆☆☆☆☆

　　我与孩子的交流 ☆☆☆☆☆

　　问题的处理效果 ☆☆☆☆☆

　　家长自我总评分 ☆☆☆☆☆

　　2. 教育反思

_____

_____

_____

·亲子总动员

制定上网守则

　　与孩子商量讨论，一起制定一份上网守则吧！（内容可以包括上网的时间、内容、对自己信息的保护等。）

> ·成长格言
>
> 　　网络是一把双刃剑。

孩子花钱大手大脚

·教育小剧场

小林的爸爸妈妈工作很忙,常常没有时间管小林。为此,父母总觉得对小林照顾不周,亏欠了孩子,于是就用钱来弥补对孩子的爱。每个月,小林父母都给小林很多零花钱,但是每次不到月底,小林就把钱用完了。出于愧疚,小林的父母从来都不问钱花到哪里去了,只要小林向父母要,他们总是毫不犹豫地就给。小林总是有很多钱,就结交了一些"坏"朋友。小林和这些朋友在一起,比吃比喝就是不比学习,而且小小年纪就开始吸烟了。

·智慧解码

小林的父母给了他充裕的物质,这不仅没有让小林感到满足,反而还让小林在物质欲望中陷得越来越深,所有的生活都是以钱开始。小林已经把大手大脚花钱当作一种习惯了,这都是小林父母用钱来补偿小林,没有让其养成勤俭节约的习惯造成的后果。

家长要有正确的"穷""富"观念,这样才能正确地引导孩子。在物质生活方面,家长没有必要处处都"富"孩子,但是在教育、思想、文化方面家长就必须"富"孩子了。

· **教育三分钟**

如何避免孩子从小养成花钱大手大脚的习惯呢？

1. 节俭——从点滴做起

古今中外，成功的父母都很重视对孩子进行节俭教育。然而随着生活条件水平的提高，很多父母再也舍不得"苦"了孩子。但他们不知道这不仅不是真正的爱，而且害了孩子。不懂得节约就是不懂得珍惜。因此家长要让孩子形成节俭的意识，养成节俭的习惯。

一方面，家长要告诉孩子，节俭是一种美德，它是不浪费而不是"抠门"，真正的自信不是源于外表的浮华而是来自内心的强大；另一方面，家长要从小事入手，比如要求孩子节约用电、节约用水、不浪费粮食等。家长自己必须要树立正确的观念，做节俭的楷模，要有"只选对的，不买贵的"的意识，并手口一致，付诸实践。

2. 吃苦——阳光总在风雨后

家长可以适当地让孩子体验生活的来之不易，体验父母的艰辛，学会爱父母，让所学用于实践。许多家长在教育孩子时，喜欢口头说教，要么给孩子讲名人故事，要么说自己小时候多么艰苦。其实，这都不如直接让孩子从生活中发现苦、感知苦。比如，让孩子跟随父母去农田，收获作物，或者让孩子和父母一起去工作。如此实践，让孩子亲身体会事情的不容易，能使孩子更深刻地体验生活，理解父母的艰辛。

3. 自制——莫让贪婪吞噬孩子的心灵

在现实生活中很多家长对孩子有求必应，这样做虽然能博得孩子的一时欢心，却容易使孩子变得自私、任性、贪婪，同时还会让孩子变得缺乏耐心。因此，家长应培养孩子适当地控制自己的欲望，不能一味地迎合孩子的需要。

对于五年级的孩子，家长要帮助孩子区分各种需要的主次关系，必需的、必要的首先解决。同时，要纠正孩子不合理的消费观，教育孩子不要一味地赶时髦，追求时尚。让孩子明白，钱要花到最需要的地方，不要花钱买一时的痛快。

· **家长自画像**

对于孩子花钱大手大脚的问题，各位家长们都是怎么处理的呢？请讲述一下自己的方法，并请根据案例与分析，对自己的教育方法进行评价和反思。

1. 教育评价（请为自己的表现打星，最满意请涂满五颗星）

我对孩子的了解 ☆☆☆☆☆

我与孩子的交流 ☆☆☆☆☆

问题的处理效果 ☆☆☆☆☆

家长自我总评分 ☆☆☆☆☆

2. 教育反思

_____

_____

_____

第二单元　问题篇

· 亲子总动员

培养孩子的理财观念

西方教育学家认为，家长应该从儿童3岁开始进行经济教育，主要教理财知识，并制订各年龄段的教育计划。请你看看你的孩子做到了下面这些计划吗？如果没有做到，那就赶快行动起来，教会孩子理财吧！

3岁：辨认钱币，认识币值、纸币和硬币。

4岁：学会用钱买简单的用品，如画笔、泡泡糖、小食品。最好有家长在场，以防商家哄骗孩子。

5岁：弄明白钱是劳动得到的报酬，并正确进行钱货交换活动。

6岁：能数较大数目的钱，开始学习攒钱，培养"自己的钱"意识。

7岁：能观看商品价格标签，并和自己的钱比较，确认自己有无购买能力。

8岁：可制订自己的用钱计划，能和商店讨价还价，学会买卖交易。

9岁：有"储蓄"观念，懂得节约零钱，在必要时有能力购买较贵的商品。

10岁：学习评价商业广告，从中发现物美价廉的商品，并有打折、优惠的概念。

11岁：懂得珍惜钱，知道钱来之不易，有节约观念。

12岁及以后：完全可以参与成人社会的商业活动和理财、交易等活动。

> · **成长格言**
>
> 　　一粥一饭，当思来处不易；半丝半缕，恒念物力维艰。
>
> 　　　　　　　　　　　　　　　——朱柏庐《朱子治家格言》

第二单元 问题篇

孩子受到了性启蒙

·教育小剧场

小王的父母都是很开放的人,在孩子面前也从不避讳彼此的亲热、拥抱、亲吻、互诉暧昧的话,从来都不回避孩子。小王母亲在某时尚杂志社工作,常会带回一些内容暴露的各类成人杂志扔在屋里,没想到这些倒让小王开了眼界。

五年级时,小王就对女生动了心思,写情书,摸女生的小辫子,有一次还把妈妈的戒指偷去送给一位漂亮女孩。渐渐地,小王就成了班里的"恋爱高手",对女生动手动脚,说一些让女生面红心跳的黄色笑话。他还常向其他男生进行恋爱教育,宣扬性开放观念,传授恋爱技巧。

·智慧解码

小王观念之开放、行为之放纵,会让不少成人都为之咋舌。究其原因,父母的"言传身教"起了很大作用。家长开放的观念,放肆的行为,过早过强地刺激了小王的性意识,并激起了他模仿体验的欲望。

还有的孩子无意中看到了父母间的秘密,家长对此却没有及时解释与教育,也可能启动孩子对性的好奇,甚至点燃了孩子的性欲望。加上现在影视作品的暴露、流行歌曲中的情爱宣言、小说中赤裸裸的性描写、电视广告中打擦边球的性挑逗、互联网上无孔不人的成人性信息，这些无不影响着现代青少年。

如果孩子缺乏足够的自制力，往往会想入非非，并产生强烈的模仿欲望，进而可能陷入早恋、性尝试的泥沼而难以自拔。如果对孩子不能进行很好的教育，那么他们可能会给自己、给别人带来更多的伤害，甚至危害社会。

·教育三分钟

当孩子开始进入青春期，必然会出现性启蒙。此时，家长的引导对于孩子来说十分重要，一起来看看家长在教育中需要注意些什么吧。

1. 家长要谨言慎行

孩子的观念与行为的根源在于其家庭。言传身教是最好的教育方式，希望孩子成为什么样的人，家长首先就要是什么样的人。父母正派的作风，对社会上各种行为爱憎分明的态度，会潜移默化地影响到孩子。

当孩子到一定年龄后，为避免刺激孩子的身体，父母不要太过频繁地亲吻和拥抱他们。尤其是对青春期的孩子，父亲对女儿、母亲对儿子更应该注意亲昵的分寸，避免在无意中刺激孩子的性意识。在孩子面前，父母不要看成人书刊、浏览成人网页等，以免对孩子作不良的示范和引导。

2. 减少不良刺激

家长要尽量避免孩子接触与他们年龄不相宜的信息。比如，网络的迅猛发展使得网络上往往充斥着一些不健康的信息，对具有强烈猎奇心理的青春期孩子也会有着更多的刺激与诱惑。因此，对孩子上网要约束，并有目的地培养孩子的自我监控能力和良好的上网习惯，最好把电脑放在大家公用的地方，便于监控；尽可能避免让孩子去网吧；如果孩子无故回家较晚、出入不当场所等，要采取措施，并引导孩子从事正常的休闲活动；避免孩子同不良伙伴的交往；如果发现有不良书刊等在同学中流传，家长可请求老师或其他家长的协助。

对于已经接受了很多不良刺激的孩子，家长首先要弄清孩子是想要好奇还是因为他人的教唆，是想要缓解情绪还是因为克制不住的冲动，和孩子进行坦白地讨论，告诉他家长的担心和理由，并和孩子探讨科学的性知识，这样可以解除孩子心中的疑惑，有助于孩子形成正确的观念。然后家长要帮助孩子学会合理宣泄，比如画画、弹琴、听音乐，可以缓解紧张的情绪；篮球、足球、跆拳道等体育活动，有利于宣泄青春期的性冲动，释放压抑的情感；投身于集体活动，也可降低孩子对异性的关注水平。

3. 正视性教育

当今社会价值观念多元化，各种现象与信息复杂多变，孩子在成长过程中必然要面对形形色色的人和事，企图隔断孩子同不良信息的联系是不太现实的。家长不能忽视和回避对孩子的性教育，尤其要重视培养孩子高尚的性道德。与其让孩子偷偷摸摸地去寻找非法出版物来了解性知识，倒不如由家长大大方方地帮助孩子了解人体发育的奇妙，两性的生理结构，为成人后的婚姻家庭生活做准备。

最关键的是要引导孩子形成正确的性观念、性道德，懂得自己的社会角色，尤其是自己在两性交往中的社会责任，让孩子懂得克制性冲动的必要性。在面对不良刺激与诱惑时要有自制力，能够自主地选择，并有能力保护自己。

·家长自画像

对于孩子的性教育，各位家长们都是怎么进行的呢？请讲述一下自己的方法，并请根据案例与分析，对自己的教育方法进行评价和反思。

1. 教育评价（请为自己的表现打星，最满意请涂满五颗星）

我对孩子的了解 ☆☆☆☆☆

我与孩子的交流 ☆☆☆☆☆

问题的处理效果 ☆☆☆☆☆

家长自我总评分 ☆☆☆☆☆

2. 教育反思

_____

_____

_____

第二单元　问题篇

·亲子总动员

青春教育

请你带着孩子一起去听一场与孩子青春性教育相关的讲座，或者找到内容合适的科普视频与孩子一同观看，帮助孩子了解相关的性知识，为孩子青春期的来临做准备。

> ·成长格言
>
> 　　性教育还应当包括培养对于性问题的真诚尊重，即所谓纯洁的态度。约束自己的情感、想象和正在产生的欲望的能力，是一种最不可缺少的能力。
>
> 　　　　　　　　　　　　　　　　　　　——（苏联）马卡连柯

第二节 自我与品德

孩子容易骄傲自满

· 教育小剧场

学校的画展就要开始了,老师要求班级中的每位同学创作一幅美术作品,以便挑选一些出优秀的作品展出。小波的画在班级中被评为优秀作品。

回家后,小波急忙将这个消息告诉了妈妈和爸爸。"还没有参加学校的画展就这么高兴?"爸爸看儿子很兴奋就稍稍泼了一点冷水,小波回答爸爸说:"老师对每个同学的作品,都提出了建议,要求回家再修改创作一次,然后再展出。我的画已经确定可以参加学校比赛了。"

晚饭后,小波做完作业便开始看起动画片来。爸爸问小波:"儿子,你忘记了要修改你的画吗?"小波说道:"爸爸,老师说了,我的画欠缺的是阴影部分的处理,以我们现在的能力是达不到,我这水平已经很不错了。"爸爸问:"那你不修改了?"小波看着电视,满不在乎地说:"我的作品已经够好了,何必花那力气去修改!"

结果到了参加比赛的时候,同学们都将作品修改得很好,小波的画并没有得奖,反而是班中其他几个同学得奖了。

·智慧解码

小波在得到了老师的表扬和肯定后,心中骄傲自满,放松了对自己的要求。在充满困难与挫折的人生道路上,懒惰是成功的绊脚石。容易满足、惯于应付了事的学生,总是习惯于等、靠、要,从来不想去求知、发明、拼搏。这种缺少上进心的表现,是产生懒惰心理的根本原因所在,而有这样的心理,最终也只能是一事无成。

父母要告诫孩子,取得了较好的成绩,不要停下脚,不能骄傲自满,否则就失去了前进的动力。因为,只有进取心和不满足才会促使孩子追求完美。不安于现状,精益求精的人才是最终的赢家。

·教育三分钟

当孩子骄傲自满时,家长应怎么办呢?

1. 晓之以理

家长可以引导孩子多学点名言、多听点事例。如当孩子骄傲自满时,可以送上一句"虚心使人进步,骄傲使人落后"或"追求赞誉的人,功绩不会很大"或"胜利最怕得意忘形,失败最怕灰心丧气"等。

多听点事例可以间接使孩子学习一些处事经验,有利于他们及早思想成熟。如当孩子骄傲自满时，可以讲个这样的故事："战国时期赵国有位青年将领赵括，自小学兵法，言兵事天下莫能敌，连德高望重的老将廉颇也不放在眼里，后来他当上了一城守将，结果只守了40天就城破身亡。"通过这些名言的学习和事例的教诲，对有骄傲自满毛病的孩子能起到晓之以理的作用，这比直接跟孩子讲道理要有效得多。

2. 培养孩子谦逊的品格和进取的精神

家长一定要注意培养孩子谦逊的品格和进取的精神，特别当孩子取得荣誉时，这更是一种良好的教育契机。荣誉是通过孩子的努力换得的，得到荣誉这实在是一件求之不得的好事，家长适当鼓励几句或者采用某种方式表示一下祝贺，这都是可以的，但不能让孩子因此忘乎所以，也不能过分冷漠、麻木。

3. 教育孩子保持清醒，面对赞扬保持低调

他人的赞扬往往会让孩子更加得意，但这却容易让自己失了本心，何况有的赞扬也不一定符合事实。如果家长不及时提醒孩子注意，很容易使他们头脑发热、神志不清、自我感觉良好，结果做出蠢事、傻事。希望家长都不要掉以轻心。

4. 指导孩子学会承受，面对批评虚心诚恳

"批评"就像大家平时吃的药，吃着虽苦却能治病，这个浅显的道理不仅我们当家长的懂得，孩子们大多也明白。但问题是，自己真正听到批评的时候往往不那么心平气和。因此家长需要指导孩子，让他们学会心理承受，达到面对别人的批评时平心静气、虚心诚恳。

5. 提醒孩子学会正视自己

"金无足赤，人无完人。"没有人敢保证自己满身优点，完美得无可挑剔。因此，家长应当经常提醒孩子要做到正视自己，坦诚待人。西楚霸王项羽，一身正气，却斗不过刘邦。他狂妄自大，见不得别人说他几句，中了刘邦的奸计，兵败走投无路，自刎而死。可悲可叹，可又该怨谁？项羽没有正视自己，所以失败了。

· 家长自画像

对于孩子容易骄傲自满的问题，各位家长们都是怎么处理的呢？请讲述一下自己的方法，并请根据案例与分析，对自己的教育方法进行评价和反思。

1. 教育评价（请为自己的表现打星，最满意请涂满五颗星）

我对孩子的了解 ☆☆☆☆☆

我与孩子的交流 ☆☆☆☆☆

问题的处理效果 ☆☆☆☆☆

家长自我总评分 ☆☆☆☆☆

2. 教育反思

_____

_____

_____

· **亲子总动员**

满招损，谦受益

问问孩子对于"满招损，谦受益"这句话的理解，和孩子进行讨论，向孩子解释这句话的含义，告诉孩子这句话的出处和相关故事，教育孩子做事不要骄傲自满，要懂得谦虚。

· **成长格言**

谦虚使人进步，骄傲使人落后。

——毛泽东

孩子太过争强好胜

· **教育小剧场**

彬彬和小强是五年级同一个班的学生,他们的数学都非常好,在整个年级中也是佼佼者。一天,班上要选出一个学生来代表班级参加数学竞赛,彬彬和小强就铆足了劲儿要争取到这个名额。

两个人几乎把所有的课余时间都用在了研究数学竞赛题上。班上的同学和数学老师也帮助两个人找资料。

这天,两个人为了一本资料吵了起来。

彬彬说:"说好的这本资料我先看,你怎么说话不算数?"

小强说:"你手上那本还没看完呢,我先用一下怎么了?"

彬彬说:"你总是这样说,到时候你就不给我了。"

小强说:"我什么时候不给你了?哪本资料影响你的正常使用了?我还没说你呢,资料到了你手里的时候,哪次不是我催上好几遍你才给我?慢得跟蜗牛一样。不行就别参加竞赛。"

彬彬说:"要不是你耽误工夫,我怎么会没有足够的时间看,你才没资格参加竞赛呢。"

小强说:"是你耽误的,到时候我要是没能被选上全都怨你。"

彬彬急了,抢过资料撕了个粉碎。结果两个人都被老师批评了。

· **智慧解码**

彬彬和小强为了数学竞赛的名额都担心自己吃亏,都为了维护自己的理由寸步不让,结果两个人什么都没得到。

当彬彬撕毁资料之后,不是只有他们两个人的利益受损了,这本书不仅是属于他们两个的,它是属于所有参加选拔的同学的。彬彬的行为就是把个人利益放在集体利益之上了。资料被撕了,老师会觉得他们两个只考虑自己不顾及他人,也许以后就不会愿意把资料给他们两个。同学们可能也会对他们有看法,会觉得他们自私。

孩子有良性的竞争意识是好的,但是家长也要防止孩子出现彬彬和小强这种不友好的竞争,并且在竞争的同时要把集体荣誉感放在首位。作为彬彬和小强的家长,要提醒孩子,他们两个不仅仅是竞争的对手,更是合作的伙伴,属于一个集体,老师和同学们是因为把他们看成集体的一部分,才更加尽心地帮助他们。

· **教育三分钟**

家长如何防止孩子太过争强好胜呢?

1. 正确引导孩子的竞争

在引导孩子竞争的时候要特别注意:在任何竞赛前不要给孩子太大压力,诸如"你一定要拿第一""你一定要赢某某"等,而应告诉孩子只要尽力把真实的自己表现出来就好;在比赛结束后,更不要大力表扬优胜者,冷落失败者,不要让孩子感到胜利者和失败者的差别很大，以致产生不良情绪。

要让孩子明白竞争就是要公开、平等，不可以不择手段。孩子不择手段是想争第一，却不知道"人外有人，天外有天"的道理。人生更多的时候是在与自己赛跑，因为不可能事事自己都是最好的。每个人都有自己的长处，也有自己的弱势。看到自己的不足也要接纳自己，不让自己灰心，取长补短、努力进步就好。要让孩子心态平和地面对竞争，因为名次虽然很重要，但是人格更重要。

2. 教孩子学会思考问题，接受教训

人在欲望膨胀的时候，往往只看眼前的利益，像钻进了牛角尖，其他的都视而不见。很多孩子陷入这种心态中，冲动地办出荒唐的事情。当不良后果摆在面前时，他们才幡然醒悟，后悔地表示："我不知道会这样，如果知道，我不会做的。"这是孩子的心里话。如何制止孩子的冲动，需要家长有防患于未然的先见之明，在日常生活中教会孩子思考问题，增加孩子的生活经验。

有私心的孩子，平日里也会因为一些触犯自己的小事而不依不饶，评价一些事情会用过激或冷漠的语言，看到不好的事情会喝倒彩或者不以为然，明明知道不妥仍然固执地不听劝阻，等等，这些都表现出他们认识问题有偏差，需要调整。家长要注意孩子这样的言行，不要认为这些是小问题，可以忽略，要及时提醒和纠正，才能引导孩子跳出自私的泥潭，站在更高的立场想问题。

家长平时要提醒孩子学会站在他人的立场分析问题，体会他人的心情。家长还要进一步提醒孩子，如果是自己遇到这样的问题会怎么处理，有没有更好的方法。家长经常用生活中其他人的事例引导孩子思考，孩子就会增长经验，认识问题的水平就会提高，当再有利益摆在面前时，考虑问题就会全面了。

问题出现后，家长应该注意保护孩子的自尊心，帮助他们顶住压力，鼓励孩子在同学和老师的批评声中，调整好心态，虚心接受意见，吸取经验教训，用乐观积极的态度面对大家，用自己的言行证明自己的改变。家长千万不可和老师、同学一起批评孩子，让孩子灰心丧气、不思进取，那事情就难办了。

3. 提醒孩子别忘了集体利益

个人利益在一定程度上是依附集体利益存在的。个人是依赖集体存在的，个人提供给集体的利益越大，自身的发展和进步就越快。集体利益得不到保障的时候，个人的损失会更大。所以如果想要更好地保护个人利益，首先要学会维护所在群体的利益。

· **家长自画像**

对于孩子太过争强好胜的问题，各位家长们都是怎么处理的呢？请讲述一下自己的方法，并请根据案例与分析，对自己的教育方法进行评价和反思。

1. 教育评价（请为自己的表现打星，最满意请涂满五颗星）

我对孩子的了解 ☆ ☆ ☆ ☆ ☆

我与孩子的交流 ☆ ☆ ☆ ☆ ☆

问题的处理效果 ☆ ☆ ☆ ☆ ☆

家长自我总评分☆☆☆☆☆

2. 教育反思

_____

_____

_____

· 亲子总动员

家庭马拉松

请家长带着孩子参加一次马拉松，如果没有相关的比赛，也可以组织一次家庭马拉松。让孩子在过程中体会到，胜利并不是最重要的，比胜利更重要的是坚持不懈的精神、永不放弃的决心和敢于挑战自己的勇气，并且要告诉孩子，战胜自我才是最大的胜利。

· 成长格言

良好的竞争心理，正当的竞争精神，这就是使事业成功与督促个人向上的动力。

——（日）松下幸之助

孩子偷拿别人东西

· 教育小剧场

下午,玲玲去小美家玩,回家后,妈妈和玲玲一起整理小房间。玲玲铺床单的时候,突然从包包里掉出了一个小芭比娃娃。妈妈记得,小美来家里玩时拿过这个娃娃。上周末,玲玲突然要妈妈给她买芭比娃娃,妈妈没有同意。就在妈妈回想这件事情的时候,玲玲赶快把娃娃放进了床边的抽屉里。

妈妈见玲玲的脸红了便说:"这个娃娃好漂亮嘛,给妈妈看看。"玲玲很不情愿地打开抽屉将小芭比娃娃拿给了妈妈。"这是哪里来的啊?"妈妈问。玲玲吞吞吐吐地说:"这是我考试第一老师奖励给我的奖品。""可是,你不是说老师奖给你了一盒彩笔。"妈妈很耐心地追问。"老师改变主意了呗。"玲玲不耐烦地答道。

于是,妈妈说:"记住,别人的东西再好也不能拿,如果要玩一定要经过别人的同意才行。你想,你心爱的玩具被别人拿走了,你会很伤心,对吧。"玲玲低着头不说话。"孩子,诚实就是一个人生存的资本。不诚实的孩子会失去朋友,失去爸爸妈妈的爱,那样就会很孤单,生活得很不快乐。"妈妈语重心长地说完,就装作什么事也没有发生一样走出了房间。不一会,玲玲走出来说:"妈妈,这个娃娃是我拿小美的,她不知道,我现在就去还给她。"

第二单元 问题篇

· **智慧解码**

孩子对没见过或没有的东西，尤其是对新鲜玩具，很容易产生兴趣，并想占有它，这是正常的。玲玲妈妈的做法不仅仅保护了孩子的自尊心，还教育了孩子。

偷窃行为在五年级的孩子中会开始出现。一般人们认为，偷窃行为与个人的贫穷有关，但是在学生中不是这样。从心理上分析，五年级学生有独立处理问题的能力，这是重要的心理基础。但同时，敢于冒险的个性也开始显露，甚至一些家庭条件很好的女孩子也有这种行为，和常识中认为她们"什么都不缺，不至于"或"胆小"的印象不同。除了心理原因之外，孩子的好奇心没有被有效引导、某些家长纵容孩子贪小便宜等原因也容易诱发偷窃行为。

· **教育三分钟**

诚实是人纯净心灵之光的折射，它既能照亮自己，也能温暖别人。对于孩子来讲，从小培养他们的诚实，是十分必要的。从小教导孩子要做一个诚实守信的人，无疑是为他们的发展之路奠定了良好的基础。家长可以尝试以下方法，对孩子进行引导和教育。

1. 用实例来讲道理

孩子的年龄毕竟还小，家长必须把道理具体化、形象化，孩子才能接受。所以，家长可利用真实的实例，把做人要诚实的道理寓于事例之中，使孩子明白什么是诚实，什么是虚假和欺骗；应该怎样做,不该怎样做。

2. 制定一些规则

家长要制定一些规则并严格要求,如:不是自己的东西不能带回家;没有得到别人的同意,不可随便拿别人的东西;借了人家的东西要及时归还;有了错要勇于承认;凡是答应别人的请求,就一定要想方设法去做好等,经常给孩子讲一些"做人要诚实"的道理。

3. 创造良好的家庭氛围

家长要给孩子创造一个宽松、愉快、民主、和谐的家庭氛围,只有家庭成员相互保持诚实真挚的态度,使孩子感到成人的爱护和关心,他才能够信赖成人,有了过失才敢于承认。

当然,家长不要忘记满足孩子合理的要求和愿望,适时地给孩子添置玩具、图书及彩笔等。让孩子意识到自己需要的东西,只要是合理的,又是家庭力所能及的,就可以得到满足。这样可避免孩子因需要不能满足,而把别人的东西随便拿回来,又不告诉家长和东西拥有者的情况。

·家长自画像

对于孩子喜欢偷拿别人东西的问题,各位家长们都是怎么处理的呢?请讲述一下自己的方法,并请根据案例与分析,对自己的教育方法进行评价和反思。

1. 教育评价(请为自己的表现打星,最满意请涂满五颗星)

我对孩子的了解☆☆☆☆☆

我与孩子的交流☆☆☆☆☆

问题的处理效果☆☆☆☆☆

家长自我总评分☆☆☆☆☆

2. 教育反思

_____

_____

_____

· 亲子总动员

"偷"

和孩子做一个游戏，找一找和"偷"这个字相关的成语，并解释成语的意思，比比看谁找得多。在游戏结束后，让孩子说说对于"偷"这个字的认识和了解，引导孩子认识到偷窃是不好的行为。

· 成长格言

小时偷针，大时偷金。

第三节 沟通与交往

孩子不会与人合作

· 教育小剧场

小南是班上的学习委员，小北是班长。他们俩，一个想事情细致，一个思维活跃，总能有别人想不到的好办法。如果两个人好好合作，可以形成很好的互补。可是他们却经常因为意见不同而起冲突。

一天，老师布置了一个任务，让班委会选出4个人代表全班参加学校的知识竞赛。小南和小北的意见又不一样了。

小北说："我认为应该让彤彤去，她各科成绩都不错。"

小南说："彤彤成绩是不错，可是她不爱说话、腼腆，知识竞赛需要抢答，到时候她不好意思开口怎么办？"

小北说："彤彤很有集体观念，到时候她肯定会积极发言的。"

小南说："我没说她没有集体观念，可是她性格内向也不是一下子就能改得了的。"

小南和小北谁也说服不了谁，其他班委也劝不了他们。

第二单元 问题篇

小北说:"我们把这个问题交给班主任决定,好不好?"

小南说:"老师让我们讨论,就是要让我们决定,你这样做是不负责任。"

小北说:"什么我不负责任,你就是故意跟我较劲。"

小南说:"谁有工夫在这件事上跟你较劲,我是为了更好地完成工作。"

最后,小南和小北还是找到了班主任。班主任老师说,人选上小南的考虑更全面,不过在人选有争议的时候确实应该上报老师,这一点小北的做法是正确的。

听了这个结果,小南和小北互相瞪了一眼,走开了。

· 智慧解码

小南和小北都是班干部,都是为了更好地为班集体服务。他们两个人的思维特点不太一样,但都只是站在自己的角度考虑问题而且考虑问题都不够全面,又不太愿意接受别人的意见。这是他们两个人发生冲突的重要原因。

· 教育三分钟

当孩子只站在自己的角度考虑问题,与同学产生矛盾,不会与人合作时,家长该怎么做呢?

1. 让孩子明白,人的思维方式是不同的

孩子考虑问题片面是正常的,但家长应该让孩子明白,同学与他的意见不一致并不一定是故意要和他过不去，同学的考虑也是有一定道理的，意见不同是因为人的思维方式存在差异。

家长可以教孩子一些方法，让他去体会人思维的差异性。比如，让孩子向不同的人提问同一个问题：树上有9只鸟，猎人用枪打死了一只，树上还剩几只鸟？我们知道，标准答案是一只都没有了，因为其他鸟都被吓跑了。可是如果孩子问不同的人，可能会得到许多不同的答案，比如："附近的鸟都飞来参加葬礼了""有一只死鸟""如果树上有鸟巢的话，可能有幼鸟"等。

这一个个不同的答案背后隐藏着的是每个人不同的思维方式。思维方式的差异是客观存在的，我们要承认这种存在，并且认真考虑别人的意见是不是有一定的道理，不要一有不同意见就觉得人家是在跟自己故意作对。

2. 可以不接受他人的意见，但要理解他人

能接受他人的不同意见，或者能够借鉴他人的思维方式来更加全面地思考问题，当然是一个比较好的结果，但并不是遇到所有问题都可以这样解决。有的时候和孩子起冲突的同学的一些说法做法，让孩子无论如何无法接受，这种时候该怎么办呢？

家长可以这样开导孩子。首先仔细想想对方的意见有没有可取之处，有就接受；如果没有，我们可以试着去考虑，是不是因为他固有的思维方式在作怪。如果是，那就说明他不是故意要为难谁，我们要理解他的思考有局限性。思维模式改变不是一朝一夕的事情，所以我们不必跟他计较。

还有可能是，这个同学昨天与家长吵架了、心情不好，或者这个同学经常和别人意见不合、发生冲突，那么这个同学也许并不是针对你。

总之，家长要教会孩子从不同的角度、不同的层次理解别人。别人的做法也许总有着这样或者那样的原因，我们不必都赞同和接受他的做法，但是我们可以试着去理解他。

3. 教孩子保留自己的意见

孩子学会了理解别人，并不代表就一定可以完全避免类似的冲突。比如像案例中说到的小南和小北对于彤彤问题的争论，即便两个孩子都明白争论是为了班级好，是为了完成好工作，两个人的考虑都有道理，也还是有分歧，最终还是只能尊重一个人的想法，不可能全都顾及。虽然最后老师采纳了小南的意见，可是小北还是不太服气。小南的顾虑的确是有道理的，但是真到了比赛的时候彤彤为了班级大胆发言的可能性也不是不存在，小北支持彤彤也许正是因为他比别人更加了解她。

既然大家都是为了班级的利益，并且老师也已经做出了决定，如果小北拿不出更有说服力的证据证明自己的观点是正确的，不如先听从老师的安排。若孩子还是不服气，家长要开导孩子，这不是说你的观点就一定错了，而是为了班级先顾全大局，尊重大家的决定，你自己的意见可以先保留。作为班干部，首先要考虑的是如何更好地协助老师完成工作，从集体的利益出发。个人的意见也许是正确的，但若是没有足够的证据，也可以先保留起来。等日后有机会再去证明。

为了集体的利益先保留自己的意见，可能孩子接受起来比较容易。但是如果是为了一些只关系到自己和对方的小事，孩子就可能不那么容易接受了，可能会一定要证明自己的意见是正确的。这个时候，一方面家长要劝孩子保持冷静；另一方面家长也可以拿出家长的权威，要求孩子停止争论，等待时间和机会去证明。

· 家长自画像

对于孩子不会与人合作，经常意见不同的问题，各位家长们都是怎么处理的呢？请讲述一下自己的方法，并请根据案例与分析，对自己的教育方法进行评价和反思。

1. 教育评价（请为自己的表现打星，最满意请涂满五颗星）

我对孩子的了解 ☆☆☆☆☆

我与孩子的交流 ☆☆☆☆☆

问题的处理效果 ☆☆☆☆☆

家长自我总评分 ☆☆☆☆☆

2. 教育反思

_____

_____

第二单元 问题篇

·亲子总动员

两人三脚

与朋友们相约,带上各自的孩子,组织一次大人与小孩之间的"两人三脚"比赛。通过活动,让孩子明白合作的重要性。

·成长格言

一滴水只有放进大海里才永远不会干枯,一个人只有当他把自己和集体事业交融在一起的时候才干最有气力。

——雷锋

孩子经常和人打架

· **教育小剧场**

大鹏今年上五年级,父亲只有初中文化,母亲只有小学文化,家里还有一个大他8岁的姐姐。大鹏的父母非常能干,家中不但自建了楼房,还有两辆汽车,在村中也算数得着的富裕家庭。大鹏的父母重男轻女,对大鹏非常宠爱,大鹏所有的要求,只要是父母能做到的,他们就一定会做。久而久之,大鹏养成了以自我为中心、盲目自傲的性格,认为世界上所有的一切都是为自己服务的,稍不如意或是感觉到挫折,就会产生一些过激的反应。

刚上小学时,大鹏受人欺负,过不久他便寻找到一个机会报复对方得手,很有满足感、胜利感,便感觉一切问题都可以依靠暴力来解决。从此,大鹏便经常与人打架,逐步发展到三年级的时候就敢用砖头打人家的脑袋,幸亏当时年龄尚小,没有什么力量,才没酿成大祸。按理说,发生这么严重的事情,应该引起家长的足够重视,可是大鹏父亲非但不加以正面的引导教育,反过来却认为自己的孩子比别人牛,有本事,而给予鼓励。

到了五年级,他依旧爱打架。一次与别人打架并致人重伤,大鹏父亲花了几十万元,怕受报复,父亲给大鹏转了学。大鹏不但没有认识到自己的错误,反而认为家里有钱、有关系,一切事情都会搞定的,结果故伎重演,再一次打架致人重伤。不到一学期,两次致人重伤,大鹏父亲才终于意识到自己孩子需要好好管教了,但又不知该如何教育,一怒之下,只好把大鹏关在家中一个多月。可是被爸爸放出来没有多久,大鹏就又与别人打架,目的就是在新学校确立自己"老大"的地位。

· **智慧解码**

很多孩子在家长过度的溺爱下成为一个粗暴的人,大鹏就是这样一步一步走到了危险的边缘,这和家庭教育是分不开的。很多家长在生活中纵容孩子,根本目的是怕孩子吃亏,而没有意识到后果。还有的家长认为这是给孩子民主、张扬个性的权利,结果把孩子培养成了"小霸王"。

还有另外一种情况,也会把孩子教育成为"小霸王"。家长看到孩子粗暴无礼,意识到孩子会出现暴力倾向,于是严加管理,但效果不佳。实际上,这是错误教育,家长成了一个以暴制暴者,而孩子就是在这样的教育环境中接受了以暴制暴的信念,成为一个小霸王。

· **教育三分钟**

怎样防止孩子形成暴力的观念,成为一个"小霸王"呢?

1. 不助长孩子唯我独尊的恶习

如果孩子很小就有支配欲、占有欲,家长纵容他,他就会成了家里的小霸王。可怕的是，这种让大家都听命于自己的愿望不是一时的，因为家长会一直这样纵容孩子继续为所欲为，这样一定会影响孩子的性格。

平时家长教育孩子应该是对无礼要求坚决说"不"，不让孩子在生活中过于任性。如果孩子习惯了大人的"言听计从"，那么他在外面遇到有人不服从的时候，就会大吵大闹，不可收拾。所以，请家长注意，对孩子的小霸王行为要及时予以阻止，才能够从小避免孩子形成"霸王"性格。

2. 教孩子通人情、懂法理

愿意做小霸王的孩子，说他们不通人情，未免有点小看他们了。如果听他们讲大道理，很可能会是一套一套的，有时两句话就可以把家长问得哑口无言。但懂得人情不等于做事情有人情味。

比如，如何唤回大鹏的人情呢？最好的办法就是让大鹏去医院陪伴伤者，去为他人服务，让大鹏感受别人在痛苦中煎熬，看看伤者家长的痛苦、家庭的混乱以及自己给父母带来的麻烦。这样的教育也许比批评他更加有用。一些年龄小的孩子犯了错，要让孩子上门道歉，用自己的钱买了礼物送去，帮助同学做事情，以弥补自己的过失，接受教育。

家长可以给孩子买《中华人民共和国预防未成年人犯罪法》或者《未成年人法律自助》等书，放在他们的房间，孩子在平时就经常翻书，看看可能会承担的法律责任，遇事便不会那么冲动，头脑会清醒一些。家长要和孩子一起学习法律，知法懂法。

3. 让"英雄"有用武之地

有的孩子就是想当个小领导，并没有多少恶意，在周围人的吹捧下，真把自己当成了"好汉"，变得越来越喜欢"打抱不平"。教育这些孩子时，不要抹杀他们原本的善良和组织能力，要正面引导，让他们真正可以帮助别人，带领周围的同学共同进步。

教育这样的孩子，首先要了解孩子的真实思想，然后再消除他们思想中不正确的认识，引导其向正确的方向发展。当然，家长必须取得孩子的信任，正向鼓励孩子好的行为，并给孩子创造条件，让他能在同学中显示一下自己有见解、有判断力、有智慧的一面，得到同学的信任。

家长可以和老师配合，利用孩子的长处在班里发挥作用，成为老师的助手，这也会帮助孩子走正路。这里值得注意的是，老师不要给他们管理班级的职务，这反倒容易激发起他们的"野心"。周围的同学听到老师给予这个孩子真实努力的肯定，也会觉得他不再是一个小霸王，而是受老师器重的好学生，同学们对他的印象就会转变，找他去打架的人会越来越少。

孩子听到正面的鼓励和表扬多了，自己从心里觉得自己是一个好孩子时，就不会与粗暴为伍，反而可能努力做出文质彬彬、很有修养的样子。孩子的心态会变得积极进步，成为一个远离暴力、有爱心、懂得奉献的人。

· **家长自画像**

对于孩子经常打架，喜欢用暴力解决问题的情况，各位家长们都是怎么处理的呢？请讲述一下自己的方法，并请根据案例与分析，对自己的教育方法进行评价和反思。

1. 教育评价（请为自己的表现打星，最满意请涂满五颗星）

我对孩子的了解 ☆☆☆☆☆

我与孩子的交流 ☆☆☆☆☆

问题的处理效果 ☆☆☆☆☆

家长自我总评分 ☆☆☆☆☆

2. 教育反思

_____

_____

_____

· 亲子总动员

测试孩子是否有暴力倾向

请做一个测试，看看你的孩子是否有暴力倾向吧！

1. 好斗，有袭击、殴打别人等行为。

2. 激动易怒。

3. 表现得不服从，有挑衅心理。

4. 毁坏自己或别人的物品或财产。

5. 鲁莽、冒失。

6. 表现出不合作、抗拒、不体谅。

7. 捣乱，打扰别人。

8. 拒绝指导。

9. 有寻求他人注意的行为，好炫耀。

10. 支配别人、恃强凌弱、有威胁性。

11. 活动过多。

12. 不可信、不诚实、说谎。

13. 有妒忌心。

14. 有偷窃行为。

15. 否认错误、责难别人。

16. 会板脸噘嘴、恼怒怨恨而不言。

17. 利己、自私。

18. 表现出焦虑、恐惧、紧张。

19. 表现出胆怯、腼腆、害羞。

20. 容易退缩、爱独处、无朋友。

21. 表现出抑郁、悲观。

22. 表现出过度敏感、易受伤害。

23. 经常感觉到为难。

24. 容易慌张。

25. 对人或事冷淡。

26. 常哭泣。

27. 表现得沉默、不坦率。

28. 不专心。

29. 做白日梦。

30. 表现得笨拙、动作不协调。

31. 失神。

32. 缺乏主动性、易受引诱。

33. 表现得懒散、迟钝。

34. 漫不经心。

35. 常打瞌睡。

36. 对人或事缺乏兴趣，表现出厌烦。

37. 缺乏持久性、不能做完事情。

38. 肮脏、不整洁。

39. 结交坏朋友。

40. 与他人合伙偷窃。

41. 忠实于坏朋友。

42. 组织或参加团伙。

43. 如果有机会，就要夜不归宿。

44. 逃学。

45. 出走。

评分方法：

选择"是"2分，选择"偶尔"1分，选择"不是"0分。

总分在70分以上者，有很强的暴力倾向；

总分在50～70分之间者，有较强的暴力倾向；

总分在30～50分之间者，会有偶尔暴力倾向发生；

总分在30分以下者，其暴力倾向在正常范围内。

· **成长格言**

一切暴力都可以不经斗争就使对方屈服，却不能使对方顺从。

——（俄）托尔斯泰

孩子在沟通中受伤

· **教育小剧场**

铃铃本来是个活泼开朗的女孩子，整天嘻嘻哈哈的，可是妈妈发现自从她上五年级以后，经常会一个人看着窗外发呆。妈妈想起了别人都说到了青春期，有好多孩子会早恋，有的孩子因此成绩一落千丈，有的孩子离家出走，甚至有的女孩子还怀上了孩子……想到这些，妈妈吓出了一身冷汗，女儿不会是早恋了吧？于是妈妈问铃铃："你一天到晚为什么总是发呆，不会是早恋了吧？"铃铃的脸一下子红了："什么早恋不早恋的，你想哪去了？真是的！"妈妈一听女儿否认了自己的问题，心里一块大石头总算落了地。

铃铃毕竟是个开朗外向的女孩子，她一直很信任妈妈，心里憋不住话，其实最近是有一个男生曾对她表示过好感，她的烦恼也正是因为这个。今天妈妈既然提到了这个问题，铃铃就对妈妈说："妈，我们班有个男生前两天约我周末一起去滑冰呢，一块儿去的还有好几个人，我到底去不去呢？"妈妈的眼睛一下瞪大了，刚放下的心一下子又提了起来："什么？和男生一起去滑冰！千万不能去，听见了吗？""可是还有好几个女生也去，我都答应她们了，要是不去，她们该笑我了。"铃铃噘着嘴不高兴地说。妈妈一听这话，火冒三丈："笑话！等你出了事就不怕别人笑话了？"接下来妈妈又举了一大堆她所听到关于女孩子早恋的事情,铃铃一听也生气了:"妈,我只是去滑冰,又没有早恋,你怎么拿我跟那些人比呢?""那些人怎么了?你要是跟男孩子出去,就跟她们一样!"铃铃听到妈妈这么说自己,又羞又气,哭着跑进房间把门锁上,任凭妈妈在外面怎么说也不开门。

从此铃铃再也没有提过类似的话题,妈妈有时问她什么,她也爱答不理的。直到有一天,已经晚上9点多了,铃铃还没回家。爸爸妈妈给铃铃的几个同学打电话,同学们都说铃铃今天上学了,但是放学以后就不知道去哪了。这可把铃铃的父母给急坏了,他们突然想到铃铃有一个日记本,于是就冲到铃铃的房间把日记找了出来。他们一看就惊呆了,日记上这样写道:"小明转学走了,没有了小明的陪伴,感觉空落落的。今后再也没有人爱我了,我也再也不想回到这个冷漠的家,我想去一个没有人认识我的地方……"后来铃铃的父母终于在一个女同学家中找到了铃铃,可是接下来父母又该怎样面对铃铃,而铃铃又该怎样面对父母呢?

· **智慧解码**

活泼开朗的铃铃怎么会发展到离家出走,难道真的只是因为"早恋"吗?这其中有很多值得家长反思的地方。

现在的大多数家长知道青春期是孩子的问题多发期,于是有的家长就会很担心,一天到晚不停地追问,就好像审犯人一样;还有的家长甚至会通过跟踪孩子或偷看孩子的日记、书信的手段来了解孩子。可是这些做法的结果不但没有解决问题，反而增加了孩子的逆反心理，使得孩子更严密地把自己保护起来，不让家长知道自己的想法，逐渐就形成了这样的一个恶性循环：家长越干涉，孩子就越封闭；孩子越封闭，家长就更加努力地去干涉……

是什么原因造成这样的一个局面呢？很多时候不是因为孩子一开始就不愿和家长沟通，而是当他们鼓起勇气向父母说出自己真实想法的时候，家长没有给予支持、理解，反而冷嘲热，这些做法势必会伤害到孩子，造成他们宁可把自己的心里话藏起来，或者写到日记里，也不愿在父母面前提起的情况。为了避免类似的事情发生，家长实在应该注意一下与子女沟通的方法了。

·教育三分钟

孩子是心灵需要保护，家长在与孩子沟通的过程中需要注意以下这些方面。

1. 尊重孩子的隐私

一般家长都会认为，孩子对家长应该没有任何秘密可言。这种想法是非常错误的。孩子在小学以前天真无邪，凡事都愿向父母汇报，无隐私可言。而随着年龄的增长，尤其是进入青春期后，孩子似乎突然间发生了巨大的变化，令家长不知所措。而恰恰就在这一特定时期，家长最担心的是孩子的早恋问题，所以，此时是家长最不能接纳孩子有秘密、特别关注孩子内心世界的时期。

但是家长应该明白，此时的孩子有了独立的人格，他们心中渴望被当作成人一样看待,如果家长仍把他们看成私有财产或不懂事的小孩,不尊重他们的隐私,就会把孩子从身边推开,使孩子失去对家长的信任,有的孩子还会因此仇恨大人。所以,家长想和孩子有效沟通,前提就是要尊重孩子的隐私。

尊重孩子的隐私不等于对孩子的情况不闻不问,而是应该掌握合适的分寸和有效的方法。家长对青春期这一特定时期的孩子,应多一分关注,多一分理解和尊重。对于他们自身因为青春期生理、心理的变化难以驾驭而出现的困惑与烦恼,切莫大惊小怪、如临大敌。家长应该正确引导,在尊重其情感体验的同时,帮助他们分析早恋的利弊关系,理性地对待这一现象。像案例中铃铃妈妈那样责骂甚至粗暴的干涉行为,只会使事态向更坏的方向发展。

2. 学会发现和倾听

家长要善于发现,发现是沟通的关键。很多时候孩子的行为比语言更能传达他们的真实想法。家长不要像警察审问犯人一样问起来没完,想知道孩子心里是怎么想的,完全可以通过对他日常生活的观察来实现。对于孩子积极的表现,家长应该及时给予正面反馈,多运用鼓励、表扬的力量,使得孩子的积极行为不断得以强化。

倾听是沟通的前提。只有倾听孩子的心里话,知道孩子想什么、关注什么和需要什么,才能有针对性地给予孩子关心和帮助,也会使以后的沟通变得更加容易。倾听是获取信息的一个重要渠道,而且耐心的倾听会让孩子感觉到你对他的尊重,这样孩子才会更愿意和家长进行沟通。家长在此过程中,不但要认真倾听,而且要善于思考，允许孩子把事情的经过讲完，并引导他说出自己的想法，然后帮助他分析问题所在。这样孩子会对你更亲近，更愿意和你分享他内心的真实想法。

·家长自画像

在和孩子沟通的过程中，各位家长们遇到过什么问题吗？又是怎么处理的呢？请讲述一下自己的方法，并请根据案例与分析，对自己的教育方法进行评价和反思。

1. 教育评价（请为自己的表现打星，最满意请涂满五颗星）

我对孩子的了解☆☆☆☆☆

我与孩子的交流☆☆☆☆☆

问题的处理效果☆☆☆☆☆

家长自我总评分☆☆☆☆☆

2. 教育反思

_____

_____

·亲子总动员

说说我的秘密

请你和孩子进行一次秘密交流会，告诉孩子自己曾经的一些故事、经历、秘密，让孩子感受到你的信任和坦诚，引导孩子说出自己心里的想法。

> · **成长格言**
>
> 谈话的艺术是听和被听的艺术。
>
> ——（英）赫兹里特

单元小结

在本单元中，我们从3个方面来看，讲述了孩子成长过程中的一些具体问题，帮助家长更好地引导孩子健康成长。在学习与生活上，家长要防止孩子沉迷网络，培养孩子正确的消费观和理财观，帮助孩子克服对青春期的未知恐惧；在自我与品德上，家长要帮助孩子摆脱骄傲自满的心理，凡事不要过度争强好胜，避免孩子的偷窃行为；在沟通与交往中，家长要引导孩子学会与人合作，避免孩子产生暴力情绪，在沟通中了解、保护孩子的心……

第三单元

提高篇

【单元导言】

　　每个家长都要面对孩子成长过程中的难题,有的家长对于孩子的问题束手无策,导致孩子的问题越来越多,而有的家长却能对症下药,很好地解决孩子的问题,让孩子成长为一个越来越好的人。在本单元,我们将来看看我校的一些优秀家长是怎么说的,从这些家长的身上,学习一些教育技巧和教育良策,让每一个孩子都能健康成长!

为孩子树立榜样

· 江海好家长

孩子是父母的一面镜子，父母的行为举止直接影响着孩子的成长。所以在孩子面前，我都会尽量做到身体力行，为孩子树立良好的榜样。

工作之余，我会在开放大学继续进修学习。孩子做作业时，我也在一旁复习功课，不看电视、不玩游戏，为孩子营造良好的学习氛围。在和孩子一起学习的过程中，我也获得了良好的成绩，还获得了开放大学的奖学金，为孩子做出了良好的表率。

除了工作学习之外，平时我会抽出时间和孩子一起到附近的学校里运动，锻炼身体，教孩子学会劳逸结合。

古人云："身教重于言传。"家长是孩子的第一任老师，我希望能够用自己的实际行动来为孩子的成长保驾护航。

2013级学生　沈莫家长

·父母充电站

在家庭教育中，家长要为孩子树立良好的榜样，父亲与母亲的角色都极其重要且不可替代。一起来看看父母应该怎么做吧！

1. 做一个好父亲

父亲的人生态度对子女的影响是长久的，能影响子女的一生。父爱有助于孩子良好个性品质的形成。一般来说，父亲通常具有独立、自信、勇敢、坚强、开朗、大方等个性特征。孩子在与父亲的不断交往中，既能潜移默化地感受着父爱，又能模仿、学习父亲的言谈举止。

首先，一名合格的父亲要有正确的人生观和科学的生活态度。这就要求父亲在教育子女时，首先要学会教育好自己，摒弃消极厌世、自卑、怨天尤人等不健康的生活态度，用自身正确的人生观和科学的世界观对子女进行良好的影响。平时要心胸开阔，处事大方，克服自身的人格缺陷。

其次，父亲要创造和谐的家庭氛围。父亲需要从母亲的背后走出来，与妻子一同担负起照顾养育子女的责任。作为父亲首先要做的是尽力在孩子面前夸奖、赞扬自己的妻子。同时夫妻俩还应在孩子面前表现出应有的爱慕行为，让孩子感觉到自己家庭的温暖。

作为一名合格的父亲，还要教孩子如何为人处世。当孩子站在成长的十字路口时，父亲也要及时站出来，告诉孩子做人的基本准则。重要的是，说了这些话，父亲还得以身作则，让孩子从自身的行动中看到这些道理。

2. 做一个好母亲

母亲是孩子的第一任导师。母亲的一言一行、一举一动都会成为子女模仿的对象，潜移默化中左右着子女世界观、人生观的最初形成。因此，母亲在家庭教育中的言行对于孩子一生的成长都是至关重要的。

首先，作为母亲不要太过唠叨。一些孩子认为与母亲缺少共同语言，因为每次回家，母亲总是唠唠叨叨，除了问成绩，就是问名次。调查发现，性格开朗、心胸宽广的母亲、和睦融洽的家庭氛围，其子女大多积极向上、有宽容心，能以乐观的心态面对生活，面对挫折。由此可见母亲良好的心理因素是母亲和孩子之间相互信任、相互理解的基础。

其次，一个好母亲要有高尚的道德规范，这样的母亲在子女心目中将是一座明亮的人生航标，她以自己的言行，在子女的心中建立起自己的威信。母亲是陪伴孩子的第一人，也是陪伴孩子时间最长的人，她的一言一行都会成为孩子模仿的对象。因此母亲若严格要求自己，作孩子的表率，那么孩子自然也就会形成良好的品德。在孩子年幼的时候注重培养其良好习惯，将使孩子终身受益。道德能弥补智慧的缺陷，而智慧填补不了道德的缺陷。

- 成长格言

作为一个父亲，最大的乐趣就在于：在其有生之年，能够根据自己走过的路来启发教育子女。

——蒙田

尊重孩子的选择

·江海好家长

大家都知道,大人和孩子的世界截然不同,如果父母硬要用大人的标准来要求孩子,势必会引起孩子的不满。我认为父母应该放下架子,尊重和理解孩子,站在孩子的角度看待问题,才能赢得孩子的信任和友谊,才能很好地与孩子沟通。

记得三年级时,一直在学跳舞的女儿突然对我说:"爸爸,我想去学跆拳道。"尽管我内心还是想让女儿继续跳舞,我还是问了孩子原因:"为什么呢?""隔壁大姐姐一直在学跆拳道,我觉得既可以学本领,又能锻炼身体。"女儿一本正经地说。"可学了跆拳道,就不能继续跳舞,因为时间冲突了。""我还是选择跆拳道。"就这样,我尊重了孩子的选择,让她学习跆拳道。

过了约半年,女儿又对我说:"爸爸,我还是想继续跳舞。我觉得我更适合跳舞,放弃太可惜了。"我又尊重了孩子的选择。这件事情以后,孩子更喜欢跳舞了。如果当时我反对孩子学跆拳道,可能适得其反,让孩子开始讨厌跳舞,而尊重了孩子的选择,不仅让孩子知道了自己真正喜欢的是什么，也让孩子懂得了如何取舍。

2013级学生　汤瑞家长

·父母充电站

家长应从以下几个细节去帮助孩子学会自己作选择。

（1）只要条件允许，日常生活的小事尽量都让孩子自己做主。比如：买什么样的书包、添置什么样的课外书、每天上学穿什么衣服等，让孩子从细微的小事开始学会自行选择。

（2）让孩子自己决定想做的事或想学的东西。家长不要盲目地为孩子安排满满的才艺班课程，这样孩子会没有喘息的空间，逼着孩子做其没兴趣的事情还会引起孩子的反感，有兴趣才会有动力，才能取得成绩。

（3）孩子有时会自己制订一个小计划或决定参加一项体育活动，这些看似是小事，但是孩子会在做这些事的过程中逐渐成长起来。做父母的应该发自内心地去支持孩子，并为他完成自己的计划创造一些有利的条件。

（4）孩子自己做的选择，即使结果不太好，家长也不要报以嘲笑的态度，否则会打消孩子自主选择的积极性，应尽可能地给孩子一些安慰，并帮助他分析原因，总结经验教训，给孩子继续选择的信心与勇气。

·**成长格言**

要得到孩子的尊重和爱戴,首先要学会尊重孩子的人格,要尽量多地要求一个人,尽可能多地尊重一个人。

鼓励与批评并行

· 江海好家长

孩子永远都是父母心中最大的财富。每个家庭都想让自己的子女学有所成，学有所用。但是怎么来教育真的是一件非常令人头疼的事，尤其是碰上了自己家的倔孩子。

每次作业碰上需要动脑子的时候，孩子都会发小脾气，不愿意做。这个时候我总是会严厉的批评他，一定要让他开动脑筋，往往这个时候他还会发一会小脾气。我会给他几分钟时间让他冷却自己的心情，过一会我再进去看他有没有在认真解题。那时孩子可能还有点情绪，但是已经在那认真解题了。等他解好题我就会和他好好说，指出他错误的地方并给他讲题，这时候他就会很容易地接受你的批评和指导，小孩子的脾气来得快去得也快。

每天的作业，若能提前完成，我都会带孩子去楼下逛一圈，买点小零食、水果，哪怕每天只是去楼下溜达一圈，孩子也会很开心。现在孩子写作业的速度慢慢地在提高了——为了每天的轻松一刻。

2013 级学生　钟涛家长

·父母充电站

在教育孩子的过程中，鼓励和批评都是不可缺少的。但鼓励和批评的程度，却需要家长们好好把握，既不能过度，也不能不够。

我们先来说说鼓励。俗话说："数子十过不如奖子一功"，表扬对孩子的成长起着非常重要的作用。对于孩子来说，他们对自己的认识往往来自老师和家长的评价。因此，家长的鼓励和表扬会让孩子获得自尊和自信。但表扬也并非多多益善，过度的表扬会让孩子听不进批评。

而批评作为教育中的必要手段之一，是一把双刃剑。用得好，可以促使孩子克服缺点、改正错误、弥补不足，不断进步；用得不好，则会打击孩子的积极性，伤其自尊，甚至引起孩子的反感，结果事与愿违。

有些孩子一听到批评就不高兴，这种情况可能有多种原因。第一，现在提倡"赏识教育"，家长们教育孩子时，尽可能多地说孩子的优点，听多了表扬，孩子自然就听不进批评了；第二，有些父母不太懂得批评的艺术，方式简单、粗暴，言词中充满挖苦、讽刺，这使孩子心灵受到伤害，让他对批评感到恐惧甚至产生逆反心理，进而用拒绝批评的方法来进行自我保护。第三，过度保护、过度溺爱使得孩子在家缺少被批评的机会，久而久之在很多事情上都会认为自己是对的，即使犯了错，也不觉得自己错了。

所以，在教育的过程中，鼓励与批评缺一不可，只有把握好鼓励和批评的度，才能引导孩子健康、快乐、积极地成长。

- **成长格言**

    严慈相济，教育之本。

让孩子爱上阅读

· 江海好家长

都说父母是孩子的第一任老师,家长的一言一行,都潜移默化地影响着孩子。一个孩子是否喜欢读书,其实在很大程度上,取决于家庭的学习氛围。

我在空余的时间就爱翻看书籍,这不,女儿也爱上了翻看各种书籍。平日里,我每天都会陪伴女儿完成作业,每天都要检查女儿的每门作业后再签上自己的名字。等孩子作业完成后,我们父女俩就会拿着自己喜欢的书,一起享受阅读时光。日复一日,我的持之以恒,让女儿养成了良好的学习习惯和阅读习惯。

阅读,是世界上门槛最低的高贵举动。我们读书就相当于可以与作者进行一个深度的心灵沟通,当你读不同的书的时候,你将会学到不同人的内心对不同事物的看法。对于孩子来说,阅读可以让她终身受益。

2013 级学生　黄瑛子家长

第三单元　提高篇

·父母充电站

想要让孩子爱上阅读,家长可以鼓励孩子多采用游戏式、趣味化的方法进行阅读。如果家长能参与其中,一起共享亲子阅读,不仅能让孩子学习各种阅读方法和技巧、养成良好的阅读习惯,对孩子的倾听技巧和想象力的发展以及亲子关系的沟通都有促进作用。一起来看看具体该怎么做吧!

1. 创造良好的阅读环境和氛围

良好的阅读氛围更能激发孩子的阅读兴趣。除了和孩子一起在家里布置一个专门的阅读角,摆放上他喜欢的读物外,家里的不同角落,如沙发床头、阳台都可随意地放上几本封面漂亮、内容有趣的图书。当孩子闲来无事时,随手就可以拿来翻看。

除了家里,也可以帮孩子把阅读的阵地拓展到各个角落,若能合乎时宜地为孩子挑选一本图书,更是别有一番滋味,如踏青时带上一本关于春天的故事或诗歌;在野外读一则历险记;在去博物馆之前先了解一些科普常识……特殊的场景更能激发孩子的阅读兴致。

2. 在游戏中玩转阅读

游戏是孩子生活中永远的主题,阅读也可以在游戏中进行。家长可以鼓励孩子来个"图书DIY":把自己喜欢的文章、故事、诗歌挑出来,或剪贴,或摘抄,再加上创意装饰,就成了一本个性十足的绝版图书了。如果孩子对手工感兴趣,布书、塑料书都可以尝试;

如果孩子精通电脑，做一本电子书也是不错的想法哦！

3. 引导孩子使用各种阅读方法

良好的阅读方法可以帮助孩子更好地理解书中的内容，也可以让孩子收获更多。比如，孩子读完一本书、一则故事，或多或少都会有些收获，也应该为自己留下些什么。但若每看完一本书就写一篇读后感，就容易增加孩子的阅读压力，降低阅读兴致。既然是自己买的课外读物，书面不够整洁又有什么关系呢？将喜欢的故事、情节随便勾勾画画、在印象深刻的地方写下或画下自己的感受、评论，贴上各种可爱的贴纸……在我们看来或许面目全非、惨不忍睹的图书，对孩子而言却是成就感十足！

4. 陪伴孩子阅读

睡前的亲子共读除了帮助孩子入睡外，对孩子免疫系统、倾听技巧及想象力的发展都有帮助。其实不只是睡前，任何时间、地点，如果家长能参与到孩子的阅读中，他都会受益匪浅。家长要每天安排20分钟左右的时间和孩子一起读书，这样可以帮孩子逐步建立阅读的信心和习惯。

晚上睡前开一盏温暖的台灯，和孩子依偎在床头，寻一本轻松的故事一起朗读；假日的午后，和孩子缩在沙发上，一起看笑话，一起开怀大笑；夏日凉爽的树荫下，一起坐在公园的长椅上，各自手中捧着爱书安静地阅读……如此这般，和孩子一起在温馨、愉快的环境里享受阅读的乐趣，是多么美妙啊！

| 第三单元　　提高篇

> ·成长格言
>
> 　书籍是任何一种知识的基础,是任何一门学科的基础的基础。
> 　　　　　　　　　　　　　　　　　——(奥地利)茨威格

在玩耍中教孩子

· 江海好家长

教育其实是我和孩子共同在成长，孩子所学的知识让我又重温了一遍童年的记忆。

记得孩子曾经学过一首诗，是李峤的《风》。孩子回家背给我听："解落三秋叶，能开二月花。过江千尺浪，入竹万竿斜。"我问他："知道什么意思吗？"孩子摇了摇头。我说："走，出去玩"。

正值秋天，我们顺着马路走，一阵风吹来，树叶纷纷落下。我对孩子说："看，这就是'解落三秋叶'，形容风的力量。"孩子仿佛就明白了。

春天的时候，我又带他去公园看柳树，体会贺知章《咏柳》的意境。亲眼看到，才能更深刻的领会。在游玩的过程中，孩子对学习的知识加以了解和体会，寓教于乐，其乐无穷。

在孩子的成长过程中，我愿意付出时间、精力和心血，只希望能让孩子健康、积极、快乐地成长！

2013级学生　顾周阳家长

第三单元　提高篇

·父母充电站

我国的教育最显著的特点之一就是对于孩子成绩的执着。为了能提高孩子的成绩，我国大多是应试教育。可这种教育方式确实局限了孩子们潜能的发挥和知识面的拓展，因此我们必须懂得如何寓教于乐，让孩子寓学于乐。

1. 设置游戏完成学习任务

家长可以通过设置游戏来引导孩子完成学习任务。很多孩子并不喜欢死记硬背单词，那么家长可以尝试和孩子玩填字母游戏，让孩子在玩的过程中慢慢学习记牢知识，这样既不会要孩子死记硬背，又可以提高孩子的学习兴趣。

2. 和孩子互动游戏学习

家长可以和孩子进行互动游戏学习。比如可以和孩子玩一些益智游戏，或者给孩子多看一些益智类视频内容等，这样可以让孩子更自觉更感兴趣地去学习。

3. 用身边的实物教育孩子

家长可以用身边的实物去教育孩子，让孩子去观察身边的人、事物、动物、花草等的变化或生长，进而发挥思维能力和联想能力，慢慢地通过自己的所见所闻所感，学习到更多的知识。

· 成长格言

什么是最好的教育？最好的教育就是无所作为的教育：学生看不到教育的发生，却实实在在地影响着他们的心灵，帮助他们发挥了潜能，这才是天底下最好的教育。

——（法）卢梭

单元小结

本单元中，我们选取了5个优秀家长案例，也从这五个案例中学习到了许多教育方法和技巧。作为一个好家长，要为孩子树立榜样，要尊重孩子的选择，要对孩子进行适当的鼓励和批评，要让孩子爱上阅读，要让孩子快乐地成长……

家长必读

现代家庭教育的五大理念

1. 学会向孩子学习

当今社会是高速发展的社会，每天会有大量的信息涌入，导致孩子快速成长，这种成长速度甚至超乎我们的想象。而与之形成鲜明对比的是家长的止步不前。很多家长仅靠过去学到的知识来跟孩子相处，面对孩子不断涌出的新奇想法则无以应对，最终结果是孩子的天性、兴趣、爱好等都被家长无情地扼杀了。所以，家长要懂得向孩子学习。

2. 孩子不是家长的私有财产

把孩子当成自己的私有财产，是很多家长的共同特点。他们认为孩子是自己生的、自己养的，所以只要孩子犯错就可以打骂。这种打骂孩子的现象在很多家庭都存在，而且有的家庭情况还非常严重。常言说的"棍棒底下出孝子"，这就是传统的封建观念，随着时代的发展，这种观念一定要摈弃。只有父母转变了这个观念，打骂孩子的现象才会从根源上消除。

3. 没有优良的家庭教育就不是完整的教育

长期以来，教育似乎都是教育系统的事，在教育系统中，更多的是抓单一的学校教育，这样的教育是不完整的。只有家庭教育与学校教育并重，才能称之为完整的教育。很多家长都有个错误的认识，认为把孩子的教育推给学校，自己就可以万事大吉了，殊不知很多恶性事件的根源就在于家庭教育的缺失。由此可见，家庭教育对于孩子的健康成长是多么的重要。

4. 现代家庭教育的核心是育人

现代育人的核心问题不在学校，不在老师，不在社会，也不在孩子，而在于家庭和家长本身。孩子的成长出现问题，最该反思的是父母，是父母的家庭教育出了问题。所以我们常说"从孩子的身上可以看到家长的影子"。

5. 没有教不好的孩子，只有不会教的家长

每个孩子都有自己的天赋，都可以成长为一个很优秀的人。为什么有很多孩子出了问题呢？不是孩子不好，是父母不懂得如何教育，这种现象普遍存在而且具有一定的规律性。孩子出了问题，很多家长不找自身的原因，而是把责任推到孩子身上，推到学校、老师身上，这是非常错误的。孩子都是好孩子，只要家长重视家庭教育，正确引导，孩子一定会成为最好的自己。

图书在版编目(CIP)数据

百分爸妈 / 褚红辉，沙秀宏主编 .— 上海 ：上海社会科学院出版社，2020
ISBN 978-7-5520-3205-5

Ⅰ.①百… Ⅱ.①褚…②沙… Ⅲ.①家庭教育 Ⅳ.①G78

中国版本图书馆 CIP 数据核字(2020)第 109044 号

百分爸妈

主　　编：褚红辉　沙秀宏
责任编辑：杜颖颖
封面设计：黄婧昉
出版发行：上海社会科学院出版社
　　　　　上海顺昌路 622 号　邮编 200025
　　　　　电话总机 021－63315947　销售热线 021－53063735
　　　　　http：//www.sassp.cn　E-mail：sassp@sassp.cn
照　　排：南京理工出版信息技术有限公司
印　　刷：上海天地海设计印刷有限公司
开　　本：890 毫米×1240 毫米　1/32
印　　张：15.5
字　　数：305 千字
版　　次：2020 年 11 月第 1 版　2020 年 11 月第 1 次印刷

ISBN 978-7-5520-3205-5/G·942　　　　　　定价：69.80 元(全五册)

版权所有　翻印必究